AF268089

DE LA LOGIQUE POLITIQUE.

Appel à la Presse

SUR

LES MAUX DE LA FRANCE.

FAISANT SUITE AUX BROCHURES PUBLIÉES PAR LE MÊME, SUR
l'Émancipation des Communes et la Nécessité du vote général.

> ..... *Tempus* ..... *atrox prœliis, ipsâ etiam
> pace, sœvum.* (TACITE.)

PAR

Cyprien Desmarais.

Se vend au profit des habitans de la Commune de Planchez (Nièvre),
ruinés par un effroyable incendie.

PRIX : 1 FRANC 50 CENT.

———— ·❦· ————

PARIS,

CHEZ DENTU, LIBRAIRE, AU PALAIS-ROYAL.

—

1832.

IMPRIMERIE DE DEMONVILLE,
rue Christine, n° 2.

CHAPITRE PREMIER.

Caractère général de la vérité.

Il y a une différence caractéristique qui distingue la vérité de l'erreur :

C'est que la vérité triomphe de nous malgré nous; l'erreur, au contraire, ne triomphe de nous que parce que nous le voulons bien. L'erreur a besoin que nous allions au-devant d'elle; la vérité vient vers nous malgré nous.

La vérité a en outre des caractères généraux qui lui sont propres. Un des caractères généraux de la vérité, et le plus décisif, c'est qu'elle se plaît à vaincre par les mains de ceux-là même qui pensent la combattre. Ordinairement, elle impose à ses ennemis le travail de sa gloire, et ne demande à ses amis que d'être simples spectateurs de son triomphe.

La vérité avance donc à l'insu de ses adversaires; ils travaillent, les yeux fermés, au monument de son exaltation.

Mais il faut ordinairement plusieurs siècles pour décider l'issue du combat entre la vérité et l'erreur. Au temps où nous vivons, et par un privilége particulier de notre époque, qu'elle doit au grand mouvement de la presse, deux années ont suffi pour une semblable épreuve.

C'est dire assez clairement que la révolution de juillet, considérée comme fait logique, n'a pu démontrer ce qu'elle voulait, et qu'elle a démontré ce qu'elle ne voulait pas.

CHAPITRE II.

De la révolution de juillet considérée comme fait logique.

A moins de supposer que la révolution de 1830 n'ait été autre chose qu'une catastrophe due seulement au hasard, il faut admettre qu'elle a eu une raison politique; d'où il suit qu'elle a eu un but, et qu'elle a dû se proposer une fin.

Une révolution qui a pesé pendant deux ans sur un empire ne se juge pas par ce qu'elle aurait pu être, mais par ce qu'elle est. Tout autre raisonnement à cet égard ne serait qu'une pétition de principe, et par conséquent qu'une argumentation sans valeur.

La révolution de juillet aurait, dit-on, été faite dans l'intérêt de la liberté et de la prospérité matérielle du peuple.

Or, la révolution de juillet a détruit ou opprimé toutes les libertés; elle a détruit, bien loin de les améliorer, toutes les prospérités matérielles.

Ainsi, cette révolution, au lieu d'être un fait *progressif*, n'est au contraire qu'un fait *rétrograde*.

Quant à savoir, si les hommes de juillet peuvent éluder ce terrible dilemme, en rejetant sur ce qu'ils appellent les hommes de la *doctrine*, les conséquences de la révolution; c'est une bien faible excuse pour masquer une si grave défaite.

De deux choses l'une : ou bien la révolution est une puissance réelle, morale et politique, et alors elle doit avoir la force de produire ses hommes et ses conséquences; et si elle n'a produit ni les uns ni les autres, malgré tout l'élan de sa victoire, c'est qu'elle n'a pu les produire.

Ou bien cette révolution n'a été qu'une puissance négative, c'est-à-dire une puissance de destruction et de dissolution; et dans ce cas, il faut considérer les doctrinaires, dont se plaignent les patriotes de juillet, comme leurs sauveurs; puisque, à fur et à mesure qu'ils apparaissent à la proue du navire, ils emploient tous leurs efforts pour entraver sa marche. Pourquoi ne le pousseraient-ils pas en avant, s'ils n'étaient certains que le vaisseau vole aux abîmes!

Tant que les hommes de juillet monteront au pouvoir, ils viendront inévitablement s'amarrer *au juste-milieu*, jusqu'au moment où ils seront débordés et jetés en avant par le flot révolutionnaire qui les presse; on dirait comme des suicides qui, après le premier coup porté contre leur propre vie, se reprennent aussitôt à cette vie même par la puissance de l'intérêt de conservation.

L'homme *juste-milieu* n'est donc autre chose, que la résipiscence tardive de l'homme de juillet.

La puissance logique de juillet ne peut donc ni aller en avant, ni demeurer stationnaire, sans périr : si elle va en avant, elle va se briser contre un écueil inévitable; si elle reste stationnaire, elle périt lentement, et peu à peu, en travaillant de ses propres mains à la dissolution de son principe.

Chaque homme de *juillet* porte donc en lui-même un double principe de mort politique. S'il se maintient dans le principe de juillet, il livre un combat à mort au *juste-milieu*, qui est sorti de juillet; s'il devient *juste-milieu*, il se transforme tout-à-coup en ennemi mortel et irréconciliable du principe de juillet. Chacun de ces deux hommes ne peut triompher dans ce duel sans s'enferrer.

CHAPITRE III.

Conséquence inévitable du duel entre les hommes de juillet et les hommes du milieu.

Quelque chose doit survivre à ce duel dans lequel les deux combattans périssent à la fois; ce qui survit, ce sont les témoins et les spectateurs. Les témoins et les spectateurs composent ce qu'on appelle, sans figure, la France.

Lorsque les deux fractions de juillet se seront agitées dans tous les sens pour chercher un principe vital qui leur échappe; et qu'elles auront péri dans ce travail; toutes les puissances de la nationalité française, restées en dehors de ces voies convulsives, se montreront debout. La France se trouvera appauvrie comme un pays ruiné par le passage de deux armées ennemies. Mais rendue à son principe de prospérité, elle réparera rapidement ses pertes.

Il s'opère un phénomène qui est visible pour toutes les intelligences :

A mesure que les deux fractions de *juillet* se portent des coups qui les affaiblissent l'une et l'autre, on voit le principe national reparaître, s'avancer et gagner du terrain; pour être entièrement victorieux, il n'a pas besoin de combattre, il n'a qu'à attendre la fin de la lutte entre ses deux adversaires.

CHAPITRE IV.

De la Logique politique et de son application dans les circonstances actuelles.

Tout le monde sait que la logique est la science (si c'en est une) qui apprend à raisonner juste.

La logique politique est la science qui apprend à tirer des conséquences justes d'un principe reconnu bon et utile.

La logique générale de l'humanité est la science qui nous explique le développement, dans l'ordre du temps, du perfectionnement humain, sous le rapport matériel et intellectuel.

Les révolutions qui bouleversent les empires doivent être examinées sous ce point de vue pour être jugées sainement.

Une révolution est nécessairement un progrès; ou bien elle n'est qu'une simple catastrophe.

Si une révolution est le triomphe d'un principe, elle est alors un progrès. Si elle n'exprime pas le triomphe d'un principe, elle n'est plus qu'une catastrophe, et dans ce dernier cas, une révolution est nécessairement rétrograde.

Car une révolution ne peut pas produire *un statu quo*; comme elle est un mouvement violent, ce mouvement doit être en avant ou en arrière.

Mais, comment une révolution qui ne produit que la misère au dedans, et la honte au dehors, serait-elle un *progrès!* Comment serait-elle le triomphe d'un principe, puisqu'elle détruit tous les principes!

CHAPITRE V.

Que la Révolution de Juillet n'étant pas le triomphe d'un principe, n'est qu'une catastrophe, et constitue une marche rétrograde.

La révolution de juillet n'ayant eu qu'un résultat négatif, ne peut être considérée comme un *progrès.* Le doublement des charges publiques, la ruine du commerce, les troubles continuels sur tous les points de l'empire, la dépréciation de toutes les valeurs, la violation de toutes les libertés, la suppression de toutes les garanties sociales et politiques ; tout cela assurément ne constitue point le *progrès !*

Mais tout cela constitue une marche éminemment rétrograde. C'est là une vérité aussi évidente que la lumière du soleil qui nous éclaire.

Il est donc de la plus haute certitude que depuis la *glorieuse semaine*, la civilisation en France a fait un grand pas en arrière.

Nous, le premier peuple du monde, nous marchons donc à reculons, depuis juillet, jusqu'à ce qu'à force de reculer, nous sentions la pointe de l'épée de l'Europe dans nos reins ! alors notre aveuglement se dissipera, notre fierté nationale se réveillera. O honte ! s'il était trop tard !

CHAPITRE VI.

Que la lutte entre les deux fractions des hommes de juillet, importe peu à la France et ne change en rien sa déplorable situation.

Voilà une maison qui brûle ; tout le quartier est en feu, et toute une ville est en péril d'être incendiée ; cependant, au lieu d'appeler du secours, on entend et l'on voit, à la clarté des flammes, un groupe de gens qui se disputent et sont près d'en venir aux mains. Ce sont les locataires de la maison, tous parens ou alliés, et qui s'accusent les uns les autres d'avoir mis le feu. Ils se donnent des coups de poings ; ils se déchirent...., mais la maison continue de brûler !

Cette maison, c'est la France. Ces hommes qui s'accusent et se disputent ; ce sont les hommes de juillet, dont les uns s'appellent des *doctrinaires* et les autres des *patriotes.*

Voilà bien, si je ne me trompe, la situation respective de la France et des hommes de juillet.

Quant au gouvernement, il est comme un malade entre les mains de médecins qui ont juré sa mort. Que s'il se tourne un peu vers les médecins de la gauche, il roule vers la guerre étrangère et l'invasion; que s'il se tourne vers les médecins des *centres*, il continue à rouler dans la fange de la misère publique, et dans la boue de l'arbitraire.

Cependant, tant qu'il reste encore à la France un dernier écu à verser dans le gouffre du budget, les hommes des *centres* prétendent que tout va bien, et qu'il faut continuer de la sorte.

De leur côté, les hommes de la gauche, prétendent que nous ne pouvons nous sauver, qu'en leur confiant les destinées du pays. Voilà de singuliers sauveurs! la maison continue de brûler; et les incendiaires assurent, la tête haute, qu'eux seuls sont bien venus pour apaiser l'incendie. O honte! ô folie!

L'orgueil a perdu le genre humain; l'orgueil aujourd'hui perd la France!

La présomption et l'orgueil ont empéché aux hommes qui faisaient la révolution de juillet, de voir tout le néant, tout le faux de leurs doctrines lorsqu'elles n'étaient encore que des théories. Depuis que ces théories sont devenues des faits, et disons-le, des faits déplorables, l'orgueil les empêche non pas de voir, mais de convenir de toute la misère de ces faits mêmes; et que ces faits ne sont que la conséquence juste, légitime et inévitable de leurs théories.

Ils n'avaient qu'un moyen de justifier leurs théories; c'était de démontrer qu'elles pouvaient produire des faits meilleurs. Or, ces faits ont été plus mauvais encore qu'on ne l'avait prévu.

Il résulte donc de l'expérience, que les hommes de juillet sont, sous les rapports généraux de la politique, des hommes anti-logiques; qu'on nous passe cette expression.

CHAPITRE VII.

De l'aveuglement anti-logique des hommes de la gauche.

Cependant, les hommes de la *gauche* se récrient, ils rejettent tout le mal sur leurs coassociés, sur les doctrinaires.

Mais les doctrinaires étaient des hommes de juillet aussi ! or, qui nous dit que les hommes de la gauche, arrivant au pouvoir, ils ne deviendront pas des doctrinaires !

Et comment se fait-il d'ailleurs, que le principe de juillet, qui est selon eux, si fort, si puissant, si indomptable, ne puisse jamais dans sa marche, réussir à écarter les doctrinaires, si faibles, si mesquins, si impuissans !

Certes ! les hommes de juillet n'ont point été pris en trahison ; on leur a livré la France ; ils ont pu tailler en plein drap, faire toutes les expériences qu'ils voulaient ; ils ont eu et le temps et les moyens de faire voir au monde, qu'il y avait quelque chose de puissant et de fécond dans leurs doctrines ! rien n'y a fait ; tout est démontré, tout est éprouvé ; que veulent-ils donc de plus ?

Faut-il donc en conclure, qu'ils ont la pensée secrète de nous réduire au dernier degré de ruine et d'anéantissement, et de nous livrer à l'invasion !

Malgré leur aveuglement, ils sont Français, et nous ne pouvons leur supposer une pareille pensée !

Cependant, ils ont encore un argument ; et cet argument excellent contre les doctrinaires, n'est d'aucune valeur pour la France.

Ils ont mal fait vos affaires, nous les ferons mieux qu'eux !

Mais tout en voulant nous faire voir que vous les

feriez mieux qu'eux, vous nous donnez la certitude et l'amère conviction que vous les feriez plus mal encore.

Avec les doctrinaires, nous avons la honte, la misère et l'écrasement de l'impôt; or, avec les patriotes purs, nous aurons de plus la guerre générale, et la chance d'une plus complète anarchie!

Ou nous sommes fous! ou ils ont tort!

Ou bien : voici une révolution qui vous ruine et vous tue! pour vous guérir, de cette révolution qui vous ruine et vous tue, laissez-nous essayer de faire une seconde révolution, qui partira du même principe, mais qui produira plus directement ses conséquences! voilà ce qu'ils disent.

Vous avez pris un grain d'arsenic, qui ne vous a pas tout-à-fait tué; ayez la bonté d'en prendre deux grains, et vous serez guéri!

Et cela se dit en France chaque jour, et se répète par cent mille échos! et à tout cela se mêlent les grands mots de *civilisation*, de *progrès*; ô honte, ô folie!

Ils ont attaché la France au pilori de l'Europe; ils la font fustiger par les mains des doctrinaires, et ils crient aux doctrinaires : cédez-nous les verges, et nous la fustigerons mieux encore! ô honte!

CHAPITRE VIII.

Des Journaux et de la Presse indépendante.

La mission de la presse devient grande et sublime dans les temps de malheurs publics. Alors cette plainte quotidienne et infatigable, qui chaque matin s'exhale en mille échos, est comme un long gémissement de la patrie éplorée.

Si cette grande voix de la presse se faisait entendre dégagée des préventions qui la rendent confuse, des influences de position qui la rendent souvent contradictoire, elle serait formidable contre la révolution de juillet.

Considérées sous ce rapport logique, les feuilles subventionnées par le pouvoir, ne seraient pas les moins hostiles contre tout ce qui est sorti de cette même révolution.

En ce moment surtout, les journaux ministériels font un mal prodigieux au pouvoir, en supposant comme admis, ce qui est en question ; c'est-à-dire, la nature de l'origine même de ce pouvoir. Or, en logique, et surtout en logique politique, il n'y a pas de position pire, que celle qui se place dans une pétition de principe, et admet, contre l'évidence et la conviction publique, ce qui est en question.

Ces mêmes journaux ministériels sont enferrés dans un autre non-sens, qui n'est pas moins déplorable que la *pétition de principes*, que nous venons de signaler.

Il consiste à soutenir ou à excuser toutes les illégalités, toutes les violations fondamentales qui se commettent depuis juillet. Or, comme une violation vraie ou supposée, a été le prétexte de juillet ; dès que l'on veut faire pardonner les mêmes choses, au régime né de juillet, il en résulte une absolution de tout ce qui a été fait avant juillet, ou une condamnation de tout ce qui s'est fait depuis juillet ; et la conséquence générale de cette double alternative, c'est l'abaissement et l'anéantissement politique de juillet. Dans ce système, on a parfaitement raison de proscrire toute discussion du principe de juillet ; puisque dans le système de cette argumentation, le gouvernement né de juillet n'a pas eu de commencement.

En appliquant ce raisonnement à l'autre bout, ce

système participant de l'élément de la divinité, n'aurait ni commencement ni fin.

Dans les rangs des ennemis volontaires ou involontaires de la monarchie dite de juillet, après les feuilles ministérielles, viennent les journaux patriotes.

Nous nous disputons sur des ruines ; car notre belle France, comparée dans ce qu'elle est maintenant, à ses beaux siècles de gloire et de prospérité ; qu'est-elle déjà autre chose qu'un vaste débris !

Les feuilles patriotes rejettent avec violence sur les doctrinaires, tous les maux de la patrie, parce que ces accapareurs des gloires de juillet, auraient empêché au principe de juillet de produire toutes ses conséquences.

Cette argumentation retombe de tout son poids, autant sur les hommes purs de juillet que sur les impurs, ou les doctrinaires.

D'abord, les doctrinaires de juillet, auteurs de la monarchie du 7 août, sont bien des hommes de juillet, puisque déjà, à l'Hôtel-de-Ville, ils avaient obtenu des hommes des *barricades*, des arrhes pour la constitution du 7 août. Il faut donc croire, puisque les *barricades* ont abouti immédiatement aux doctrinaires, que ces doctrinaires sont les conséquences des *barricades*.

Sans doute, *l'Hôtel-de-Ville* a eu son programme ; mais puisque les hommes forts et habiles des trois journées, n'ont pu exécuter ce programme, il faut croire que ce programme est une œuvre *mort-née* ; une œuvre impuissante, inexécutable.

Admettons maintenant que ce programme fût encore exécutable, et que le principe pur de juillet pût produire ses conséquences ; ces conséquences, seraient aujourd'hui un crime de lèse-nation, une violation du principe de la souveraineté du peuple. Pourquoi ? parce qu'il est impossible de reconnaître aujourd'hui que ces conséquences soient dans le vœu de la majorité des contribuables, c'est-à-dire de tous ceux qui peuvent exercer le droit politique d'élection.

Et, nous le demandons aux hommes de bonne foi : si l'on fait deux parts, rangeant d'un côté tous les hommes nationaux, antipathiques à la révolution de juillet, et cette multitude d'hommes de juillet rattachés au *juste-milieu*, par horreur des conséquences de juillet, à quelle faible minorité ne seront pas réduites les opinions patriotes-républicaines ?

Cette observation n'est présentée que dans l'intérêt de la doctrine de la souveraineté du peuple, et pour faire voir que les hommes fidèles au principe des *barricades*, ne pourraient triompher aujourd'hui qu'en commençant par violer leur propre principe, et en s'imposant par la force et la violence.

Ainsi, le principe de juillet ne pourrait maintenant produire ses conséquences, sans se renier lui-même ; c'est-à-dire, que le principe de juillet, après avoir vécu quelque temps d'une existence éphémère, se trouve meurtri et écartelé par le tiraillement laborieux des patriotes et des hommes du *milieu*.

CHAPITRE IX.

Pourquoi les suites de la Révolution de Juillet ont prolongé leur durée jusqu'à ce jour ?

La presse quotidienne dit chaque jour à la France tout ce qu'elle sait et tout ce qu'elle ne sait pas ; mais elle ne dit pas toujours tout ce qu'elle pense.

Il y a des journaux, qui par la nécessité de leur position, ne peuvent point dire le secret de leur âme, si l'on peut parler ainsi. Il n'est pas nécessaire de nommer ici ces journaux.

Tout le parti de juillet porte en lui une arrière-pensée; tout le parti du *juste-milieu* a la sienne à son tour.

Le juste-milieu est du jésuitisme vis-à-vis de la révolution de juillet; le parti de juillet est du jésuitisme vis-à-vis de la république.

Les *juste-milieu* n'osent pas se dire hommes de juillet; les hommes de juillet n'osent pas se dire républicains.

C'est que ce qui fut ambigu dans le principe, ne peut engendrer que des choses ambigues.

Dans les *trois jours* on faisait feu sur la Charte, en criant *vive la Charte!* A l'Hôtel-de-Ville, on proclama la monarchie, en criant *vive la république!* et le 7 août, on proclama la *quasi-légitimité*, en criant *vive la souveraineté du peuple!*

Une chose qui est vraie et sans arrière-pensée, c'est qu'aussitôt que les pavés furent vainqueurs, tout le monde eut peur des pavés.

Une autre vérité, qui, je crois n'a pas encore été dite, c'est que la véritable cause de tout ce qui a été fait depuis la révolution de juillet, c'est la terreur inspirée par cette révolution même.

C'est qu'en général, une révolution inspire d'autant plus d'effroi à la majorité qui en est la dupe ou la victime, qu'elle a été faite par un plus petit nombre; parce que ce petit nombre a donné une plus haute idée de sa force; et parce qu'ensuite il reste armé de pied en cap après sa victoire, en présence de la majorité désarmée et surprise.

Voilà justement pourquoi les hommes de juillet les plus déguenillés, ont été seuls admis à monter la garde au Palais-Royal, après la révolution de juillet. La capacité politique était alors en raison du négligé du costume et de la sauvagerie du regard.

C'est la terreur de juillet qui a été cause du temps

d'arrêt de l'Hôtel-de-Ville, la terreur de l'Hôtel-de-Ville a été cause du 7 août, etc.

C'est ainsi que les tentatives de pillage dans les ateliers du *Constitutionnel*, *après les trois journées*, ont jeté ce journal dans le *juste-milieu*, etc.

Mais ce qui paraîtra plus extraordinaire, et qui n'est pas moins vrai, c'est que la terreur de juillet est à peu près le seul appui qui soutienne l'existence du *juste-milieu*, et en prolonge les conséquences blafardes.

Sans la terreur inspirée par le bouleversement de *juillet* et par tous les maux qu'il a faits à la France, une seconde révolution eût été facilement possible, pour réparer les erreurs de la première.

L'effet général produit par l'événement de *juillet* a donc été surtout de rendre la France contre-révolutionnaire, dans la plus large acception du mot ; et de la disposer à subir de grandes humiliations et de grands désastres, plutôt que de tenter un nouveau coup de main.

Aussi c'est en présentant l'étendard sanglant de juillet, d'une main, que le *juste-milieu*, de l'autre main, *tond la laine sur le dos à la France*.

Autrement, et si les patriotes les plus chauds n'avaient pas eu dégoût et peut-être pitié de leur œuvre des trois jours, comment supposer qu'ils auraient abandonné, ainsi qu'ils l'ont fait, toutes les conséquences de leur victoire, la Pologne, la Belgique, etc.

L'œuvre de juillet n'a donc plus pour dernier étai que l'amour-propre de quelques-uns de ceux qui l'ont faite. Toute foi politique est éteinte et morte chez eux; et pour retrouver quelqu'élan, ils sont obligés de reculer par leurs souvenirs et par leurs regrets derrière les barricades de juillet, et d'oublier, pour un moment, deux ans passés de déceptions et d'ignominie.

CHAPITRE X.

Des Journaux, dans leur rapport avec les choses de juillet.

Il y a une conviction qui s'empare de plus en plus de l'opinion publique et qui fait de jour en jour des progrès considérables parmi les masses de la population; elle est produite par les contradictions qui s'élèvent entre les promesses de juillet et ses résultats. Et cette conviction se résume chez les uns en une profonde indifférence pour cette révolution; chez les autres en une dérision amère, qui va jusqu'au mépris.

Les journaux qui au fond représentent ces convictions, sans pouvoir les avouer, ont donc été amenés par les événemens, dans une position singulièrement difficile. La difficulté de cette position se résume en deux mots.

Nous avons fait la révolution, parce qu'elle devait donner à tous, bonheur et liberté; or donc, *vive la révolution de juillet !*

Mais au lieu de bonheur et liberté, le lendemain de son avénement cette révolution nous a apporté, honte et misère; or donc, et toujours, *vive la révolution de juillet !*

Dans un pays de logique et d'intelligence, comme la France, cette lutte contre le sens commun est-elle long-temps soutenable? nous ne le pensons pas.

Cependant, voilà un journal qui chaque matin nous déploie sur sa feuille et d'une main le *drapeau de juillet*, et qui, de l'autre main s'évertue à couvrir de boue ce même drapeau de juillet ! Ce délire, qui est cependant logique, dans les vues de la Providence et dans la marche du temps, doit aller quelque part, doit aboutir quelque part.

On peut sans doute admettre qu'un particulier qui

a 100,000 francs, consente à dépenser chaque année sur son capital, 10,000 francs; et il aura ainsi de quoi vivre pendant dix ans. Voilà comment vit la France depuis la révolution de juillet! A la rigueur, elle pourrait encore vivre pendant quelques années en mangeant son capital jusqu'à la fin; après quoi, elle ferait son testament en faveur des peuples du Nord, des Cosaques ou des Baskirs. Par exemple, elle leur dirait : « Je ne puis plus vivre avec ma nue propriété; je n'ai plus la force de me défendre. Voilà mes débris; je vous les donne; venez les chercher!

Si l'on n'entrevoyait pas une autre issue à tant de folie; il faudrait désespérer de la Providence et de l'avenir.

Le Constitutionnel.

Le lecteur de ce journal doit se dire :

« Je suis abonné au *Constitutionnel* depuis 1814; en ma qualité d'abonné, je le lis tous les jours, parce que j'aime à profiter de ma dépense. J'y ai vu, pendant quinze ans, que nous ne pouvions avoir de liberté, de prospérité et de grandeur avec ce qu'on appelle les Bourbons de la branche aînée. Dans ce temps-là cependant, je faisais de bonnes affaires, je payais mes impôts, je n'allais pas aux revues, etc. Depuis la révolution de juillet, j'ai suspendu mes paiemens, fermé mon magasin, je suis tous les huit jours de garde; au lieu de faire des affaires, je mange le peu qui me reste. Mais je lis toujours le *Constitutionnel*, où je vois tous les jours qu'il faut soutenir le trône de juillet, dût-on pour cela faire mettre le feu aux quatre coins de la France! Et pourquoi cela? par une raison bien simple : parce qu'il n'est pas convenable que le *Constitutionnel* dise aujourd'hui qu'il s'est trompé ou qu'il a eu tort pendant quinze ans! Ainsi, vive le *Constitutionnel*, et périsse la France!

(19)

Le National.

Le *National* a trop d'esprit pour vouloir soutenir les hommes et les choses de juillet, qui sont descendus à une condition si pitoyable. Mais cependant, il trouve que les pavés et les barricades ont du bon, et qu'on aurait pu, à la rigueur, s'en servir pour élever une constitution américaine. Il fallait donc le dire plus tôt! et au lieu de faire une révolution de juillet *française*, il fallait faire une révolution américaine. Si vous voulez avoir une constitution américaine, prenez d'abord des Américains! On l'a déjà dit au *National*. Mais le *National* a beau faire, il est Français comme nous, et quoique placé sur un mauvais terrain, il défendra toujours la liberté et l'honneur français! mais qu'il en soit certain, les combats qu'il soutient, ne profiteront qu'à la France, qui a besoin d'un si valeureux défenseur, et non à l'Amérique qui n'en a que faire.

Mais enfin, pourquoi avons-nous fait la révolution de juillet! probablement ce n'était pas pour avoir 900 procès à la presse en deux ans. et pour violer une dixaine de fois la Charte de 1830, qui était inviolable.

Le Courrier Français.

Il n'est plus cet heureux temps, où le mot de *jésuite*, répété cinq ou six fois dans la colonne d'un journal, affriandait le lecteur et faisait accourir l'abonné! Ce mot magique répondait à tout, suffisait à toutes les difficultés; c'était le bouc émissaire du libéralisme. Depuis l'immense victoire du peuple de juillet, dont le résumé le plus clair se borne, je crois, à avoir expulsé de France une centaine de jésuites, qui étaient le seul obstacle, comme on le voit bien aujourd'hui, à notre marche progressive à travers le siècle, la logique libérale est sortie de France avec ces pauvres jésuites. Et l'on peut dire que le vaincu a emporté en croupe son vainqueur. Le *Courrier Français* a senti cette perte ; aussi, depuis qu'il a perdu cette base fondamentale du raisonnement, on l'a vu redoubler d'efforts, de vigueur et de courage. Mais les coups du *Courrier*, retombent maintenant malgré lui sur la révolution de juillet. Il faut l'avouer cependant : mettant de côté toutes les vieilles préventions haineuses du *Courrier* contre les *Bourbons de la branche aînée*, et contre ceux qu'il nomme les *carlistes*, il y a dans cette feuille un amour vrai de la liberté, une appréciation juste de l'impuissance des utopies républicaines. Mais toutes ses inspirations sont encore dans le passé. Il n'y a pas d'avenir pour la France, avec des opinions qui, satisfaites de leur admiration pour la révolution des trois jours, ne veulent accepter pleinement, ni le *programme de l'Hôtel-de-Ville*, ni le régime *du 7 août*, et vivent dans la bienheureuse perspective d'une *monarchie entourée d'institutions républicaines;* ou, ce qui vaudrait peut-être mieux, d'une *république entourée d'institutions monarchiques!* Ce coq-à-l'âne, que l'on peut retourner à volonté, suivant le goût des amateurs, constitue à mon gré, avec l'expulsion de cent où cent cinquante jésuites, l'immense conquête du peuple de juillet.

La Tribune.

On lisait dans la *Tribune* du 5 septembre dernier :
« Non, trois jours n'ont pas suffi, et *ne pouvaient suf-*
« *fire* pour détruire une œuvre de quinze ans. Il aurait
« fallu, après ce combat héroïque, des hommes qui
« eussent organisé la victoire, dans l'esprit même qui
« avait présidé au combat. Alors, il y aurait eu *révo-*
« *lution*, changement de système, régénération pro-

« gressive de l'ordre social, et refonte prompte et gé-
« nérale de l'ordre politique. »

Toutes les erreurs de la *Tribune*, sont renfermées
dans cet aveu tardif. Oui, il *fallait!* mais il fallait
pouvoir! et afin de pouvoir, il eût fallu que l'affaire
des trois jours, fût un progrès de liberté, une œuvre
de conscience et de bonne foi. Mais tout ce qu'il *fallait faire*, ne pouvait être le produit de ce qui ne fut
autre chose qu'une émeute sur une vaste échelle.
Plaignons la France, de ne pouvoir faire servir à sa
grandeur et à sa gloire, des hommes comme ceux de
la *Tribune;* chez lesquels le courage est constamment
la dupe de la tête, et l'âme aussi franche que leur position politique est fausse.

Et puis, vient toujours l'éternel refrain : pourquoi
avons-nous fait cette révolution de juillet! était-ce
pour subir 64 procès en deux ans, et plus de cent
ans de prison!

Les Débats.

La destinée de ce journal est singulière. Quoiqu'il
ait parcouru et sillonné dans tous les sens le champ
si vaste des contradictions politiques, il règne chez
lui une certaine unité au sein de cette diversité même.
Il y a dans l'indifférence sceptique des *Débats* pour
ses propres erreurs, un vif reflet de la société du dix-
neuvième siècle; société battue dans tous les sens et
par tous les flots; fanatique à la fois et blasée; dé-
daigneuse et passionnée; s'inquiétant peu de ses folies, pourvu qu'elle y trouve matière à exercer cette
activité intellectuelle qui la dévore. Les *Débats* ex-
priment le flux et le reflux de notre mer politique,
sans cesse tourmentée par les tempêtes. Il représente
ce qu'on peut appeler la *dette flottante* des opinions
politiques; que l'intérêt et plus souvent la peur des
évènemens poussent tantôt à droite tantôt à gauche

mais qui cependant s'attachent obstinément au sol par le lien si puissant de la propriété. Cette feuille, grave par l'influence et par la diversité même des opinions qu'elle entraîne, doit être plutôt considérée dans sa marche par les vents qui la poussent, que par les convictions politiques qu'elle simule, mais qui ne l'entraînent pas. Ce journal s'est laissé aller à la révolution de juillet sans la désirer. Il a eu le tort de ne pas la craindre. Si maintenant il vire assez ostensiblement de bord vers la droite, il ne faut pas lui en savoir beaucoup de gré. Il va où souffle le vent.

Le journal des *Débats* a résumé la situation respective de la France et de la révolution de juillet, lorsqu'il a dit dans son numéro du 5 septembre 1832 : « *Les révolutionnaires sont les plus grands ennemis de la France.* »

Le Messager des Chambres.

Il faut savoir gré à ce journal du généreux dépit qui lui a fait abandonner le camp ministériel. Il a compris qu'une administration sortie du principe de juillet ne pouvait trouver à vivre hors de ces voies. Car un trône ne peut pas se maintenir long-temps entre deux principes ; la force qui le tient suspendu en l'air comme le tombeau de Mahomet, n'est pas un aimant durable. C'est par amour pour le trône de juillet que le *Messager* s'est séparé de l'administration née de juillet. Amant passionné, il ne demande que la vie pour ce qu'il aime. Mais il voit que ce souffle de vie s'échappe et s'évanouit, et il crie au secours. La verve nouvelle et récente du *Messager,* n'est que l'éloquence du désespoir. Du reste, ne lui parlez pas des souffrances et des charges énormes de la France, ni de sa paix accablante et ruineuse, ni des promesses de juillet foulées au pied ; il ne vous entendra pas. Périsse la France, plutôt que le trône de juillet!

Le Temps.

Le *Temps* offre l'image vraie et poignante du *statu quo*. Son bulletin quotidien, où sont exposées toutes nos misères, est un démenti perpétuel à sa politique de bien-être provisoire. C'est un homme qui chaque jour vous enverrait le bulletin de sa santé en vous donnant la note de toutes les imprudences qu'il a faites la veille, pour la compromettre et la détruire. Est-ce imprévoyance? est-ce perspicacité sublime! le *Temps* concentre tout l'avenir politique dans les combinaisons parlementaires et dans la présidence du conseil. Ayez un président du conseil! alors tombera l'impôt, tombera le désarmement, la Vendée sera pacifiée, l'industrie renaîtra, la misère et l'émeute cesseront de dépeupler la ville des *barricades!* il est *évident* que le *Temps* n'a pas encore révélé au public sa véritable pensée. Il serait peut être indiscret de la deviner. Avec une sagacité aussi exercée que la sienne, on ne peut rester long-temps à moitié chemin sur la route de la vérité.

La Quotidienne.

Noble martyr de la liberté de la presse! Le lendemain du triomphe de juillet, et lorsqu'après cette victoire (qui est bien la victoire *des trois jours*, puisqu'elle n'a duré que trois jours), les pavés vainqueurs demandaient *où étaient les royalistes*, la *Quotidienne* mettait déjà sur la sellette la révolution de juillet! Le talent seconda son courage. Il y eut tout-à-coup dans ses colonnes comme un reflet des souvenirs des quatorze cents ans de notre monarchie. Bientôt elle vit fondre sur elle toutes les rigueurs des légalités de juillet. On peut le dire : la *Quotidienne* grandissait dans les revers. Jamais un seul jour ne vit démentir en elle la pensée de la veille. Le but politique de cette feuille a consisté surtout à attaquer face à face le fait de juillet et ses conséquences déplorables, et à lutter corps à corps avec le monstre politique. Son gérant a passé dans les prisons tout le temps qui s'est écoulé déjà de l'ère mémorable de *juillet*. Et quand il en sortira, cette partie de l'histoire de sa vie sera un témoin irrécusable, dans les fastes de notre déplorable époque de ce *progrès*, qu'un autre journal, le *Temps*, étale chaque jour sur son frontispice, comme une amère ironie de notre siècle. La réunion des numéros de la *Quotidienne*, publiés depuis *juillet*, peut être considérée comme un excellent traité de politique.

La politique toute nationale de la *Quotidienne* se résume dans les lignes suivantes, que j'emprunte à un article plein de chaleur et de force, publié dans son numéro du 10 septembre 1832.

Après avoir reproduit d'une manière vive et prophétique le festin de Baltazar, auquel il fait assister les chefs de la révolution de juillet, l'auteur de l'article s'exprimait ainsi :

« Maintenant, éloignons ces tristes images, sortons
« de ce banquet, descendons dans la rue, frappons
« à la première porte : Qui êtes-vous ? — Commer-
« çant. — Et que dites-vous en présence de votre
« magasin vide et les yeux fixés sur la date de la pro-
« chaine échéance ? trouvez-vous qu'une révolution
« qui se développe en protêts et se commente en
« faillites, ne soit pas la plus belle utopie du monde ?
« Les cotons sont en souffrance, la soie n'a plus de
« débit, l'industrie est à bas, le commerce ruiné ;
« mais qu'importte, il passe la parade, défile sur trois
« rangs et monte la garde au château. » — Le com-
merçant baisse la tête et répond : « *Si je l'avais su.* »

« Et maintenant, à la porte voisine : Qui êtes-vous ?
« — Artiste. — N'êtes-vous pas content des loisirs
« que la révolution a fait aux arts ?.....

« L'artiste baisse la tête comme l'industriel, et ré-
« pond comme lui : *Si je l'avais su !* »

La Gazette de France.

Il y a tout un monde intellectuel et politique dans
la *Gazette.* C'est une pensée profonde de rénovation
sociale qui se fait jour et marche secrètement à son
but. Là toute l'histoire des quinze années de la restauration est habilement exhumée et mise en œuvre ;
et avec cette arme d'un passé encore tout vivant, la
Gazette presse de l'épée dans les reins la révolution de
juillet, tandis qu'elle l'accable en face de tout le poids
des illégalités et des misères du présent. Il n'y a aucun
journal révolutionnaire de force à lutter de logique
avec la *Gazette ;* parce qu'aucun d'eux ne possède une
position logique aussi franchement tracée, c'est-à dire
un principe incontestable et reconnu vrai par tout le
monde, avec les conséquences qui s'en déduisent naturellement. En effet, parmi les feuilles libérales, les
unes prennent pour point de départ exclusif le fait
du 7 août, sans vouloir regarder le fait du *programme ;*
d'autres ne voient que le *programme*, et n'ont aucun
égard au fait *du 7 août ;* le plus grand nombre ne
raisonne que d'une manière abstraite avec la victoire
des *barricades ;* comme si un triomphe politique s'ap-
préciait jamais par le fait matériel ; et si ce n'était pas
seulement le résultat politique qui donnait quelque
valeur au fait matériel. Au lieu de crier : victoire de
juillet! criez : budget de 1832! Au lieu de : liberté de
1830! criez : la prison à tous les hommes libres de
1830!

Au moyen de cette guerre logique, que la *Gazette*

poursuit à outrance contre les idées et les faits de juillet, elle trouve toujours le défaut de la cuirasse. Ainsi, pour en donner un seul exemple : quand elle dit et prouve qu'elle rédige ses articles de 1832 avec les *Débats* de 1820, elle a saisi tout ce qu'il y a de vain dans les idées de notre temps, et elle a indiqué le plus haut trait de la comédie de l'époque où nous sommes. La réunion des numéros de la *Gazette* formera, avec une table des matières, une Encyclopédie vaste et complète de l'histoire morale et politique du dix-neuvième siècle.

Le Courrier de l'Europe.

Auxiliaire ferme et hardi de la *Gazette* et de la *Quotidienne.* Ce journal est né après la révolution de 1830. Il faut plus que de la résolution et du courage pour lancer pour la première fois son esquif à la mer, au fort de l'orage et de la tempête.

Le Rénovateur.

Le besoin d'un renouvellement social, comme l'indique son titre, préside à la pensée du *Rénovateur.* Cette feuille est comme un arsenal où viennent se ranger avec ordre des matériaux d'une importance, que l'on aimera à retrouver lorsque le moment de la grande refonte politique sera venu. Le *Rénovateur* prépare sagement les voies de l'avenir. Et les noms imposans qui consacrent ce puissant travail, sanctionnent, en les propageant, les doctrines, unique refuge pour une société, qui *s'en va encore*, lorsqu'enfin les *Rois ne s'en vont plus.*

Le Corsaire.

Cette feuille jadis légère, est devenue fort remarquable depuis qu'elle s'est mise à déshabiller les hommes de juillet. La verve inépuisable de sarcasme qui anime le *Corsaire*, prouve bien qu'il fut de bonne foi lorsque lui-même il figurait dans la sublime échauffourée de juillet. Tandis que les événemens, ainsi que les autres feuilles politiques s'unissent pour démontrer que les têtes *du milieu* sont vides de toute idée sociale, le *Corsaire* démontre par dessus le marché et surabondamment, qu'elles n'ont pas même le sens commun. Il est impossible d'être plus cruel envers les siens. Qui croirait qu'avec autant d'esprit qu'il en montre, le *Corsaire* ne sait où il va, ou ne croit pas aller où il va réellement ! Le *Revenaut* devrait faire un procès en contrefaçon au *Corsaire*. Il y a peu de journaux dont la lecture fasse plus de *carlistes*, parce qu'en France tout finit par aller du côté où se trouve l'esprit. En preuve de ce que nous avançons, nous nous contenterons de citer un petit article récemment publié ; il est du 8 septembre dernier et de fraîche date :

Corsaire du 8 septembre 1832.

« Si des barricades de juillet, sur l'un des arbres abattus de notre boulevard, un homme se fut levé en 1830, qui eût prédit l'avenir de 1831 et 1832, ses membres, comme ceux du malheureux Ramus, eussent roulés, arrachés et mutilés.

Mais, plus tard, que dira le peuple ? que dira l'histoire ? (Car le peuple et l'histoire sont immortels.)

« La nationalité de la Pologne ne périra pas.

« Les vrais ennemis, ce sont les révolutionnaires !

« La presse a eu plus de procès en deux ans, qu'elle « n'en eut en quinze ans.

« Lafayette disgracié, injurié, presque accusé.

« Lafitte devenu odieux.

» Dupont de l'Eure destitué.

« Très-hauts, très-puissans et très-excellens sei-
« gneurs.

« M. de Talleyrand représentant la France.

« Les agens de Vidocq mêlés à la garde nationale.

« Paris et la Charte en état de siége.

« Des condamnations capitales politiques.

« La décoration de juillet touchée par le bourreau
« politique.

« La France menacée par la diète de Francfort.

« Juillet sans monument; la colonne sans statue,
« les morts des trois jours sans sépulture.

« Les trois journées fêtées seulement avec les ifs
« et les lampions de la Saint-Charles.

« Et le pont d'Arcole !

« Et les sergens de ville !

« Et les assommeurs embrigadés !

« Et M. Persil avec son bouquet sanglant !

« Et M. Barthe avec son *dussent-ils pourrir !*

« Oh mon Dieu ! comment eût-on accueilli ces pré-
« dictions en 1830 !

« Comment accueillera-t-on ces faits en 1833 ! »

Le Revenant et la Mode. — Le Bride-Oison.

Troupe légère qui combat vaillamment à ses périls
et risques, pour tout ce qu'il y a en France de plus
sacré, l'honneur et la gloire nationales. Journaux gra-
cieux qui revêlent de tout ce que l'esprit français a
de piquant et d'élégant, les formes âpres et rudes
de la politique; jettent des fleurs sur la *nécessité* du
vote universel, et enlacent dans leurs guirlandes les
pavots de la conférence de Londres : vifs et braves
à l'avenant, et à qui l'épée sied aussi bien que la
plume.

CHAPITRE XI.

Résultat général des travaux de la presse quotidienne.

L'avenir de la France est dans la main des journaux, eux seuls travaillent volontairement ou involontairement à débrouiller les fils de la situation : les uns, en montrant le port du salut ; les autres, en indiquant l'écueil qu'il faut éviter, par leur empressement même à courir, tête baissée, vers cet écueil ; ceux-ci, par une trahison, qu'on peut appeler heureuse, minant l'œuvre de juillet, qu'ils avaient concouru à élever ; ceux-là, éloquens jusque dans la pudeur de leur silence, et désertant en secret l'autel des fausses idoles qu'ils avaient encensées.

Tous les journaux, quelle que soit leur couleur ou leur nuance, concourent au même but, en ce moment, par un immense effort ; ce but, c'est la régénération politique de la France. Tous les organes de la presse s'accordent (y compris les journaux ministériels) pour battre en brèche l'administration actuelle. En dehors de cette administration, il ne reste que les principes de la nationalité française, ou la république. Quant au principe national et constitutif de notre vieille France, tout le monde y croit, même ceux qui l'attaquent ; quant à la république, personne n'y croit, pas même ceux qui la proclament. Si les républicains avaient eu foi en leurs principes, ils l'auraient proclamé après les *trois jours* ; ils étaient vainqueurs, et l'occasion était belle. Ils ont déclaré, en reculant jusqu'au 7 *août*, qu'ils avaient peur de la république, et qu'ils ne voyaient en elle que l'anarchie. La république ne serait votée en France que par les prolétaires et par les classes les moins éclairées. Le républicanisme ne serait qu'une irruption de jalousie de ceux qui n'ont pas contre ceux qui ont : cela ne produirait qu'une effrayante aristocratie de bas en haut, un monde à rebours, une effrayante anarchie ; et pour dominer tout ce chaos, l'innocente expérience de M. le marquis de *Lafayette !* Y a-t-il rien de plus opposé à la vraie république, qu'une pareille orgie politique !

Notre ancien principe de nationalité française, est bien mieux et bien autrement républicain, par la base large et philantropique du *vote général,* qui convie tous les contribuables aux élections ; et c'est bien là pour nous la meilleure des républiques !

CHAPITRE XII.

Conclusion.

Les démonstrations quotidiennes de la presse, sont chaque jour comme un vaste miroir, présenté à la France, dans lequel on lui fait voir toute l'illégalité, tout l'arbitraire, toutes les misères, toutes les folies, qui découlent naturellement, et à flots pressés, de l'administration née de *juillet,* par la filière *du 7 août.*

La presse est donc le plus terrible, le plus infatigable ennemi des choses venues de *juillet.*

Il faut donc ou que la presse périsse, ou que le régime du 7 août périsse, ou que la France périsse !

La presse ne périra pas ; la France vivra !

Elle vivra, parce que la démonstration suprême, remède héroïque offert par la presse, sera :

Ou la république des prolétaires, l'anarchie, l'invasion et tout ce qui s'ensuit :

Ou l'adoption de la base républico-monarchique du principe national, qui s'appuie, non point sur la masse des prolétaires, mais sur la masse des contribuables.

Car le sol appartient à ceux qui le possèdent légitimement et qui en ont payé l'acquisition. Lorsqu'une maison a besoin de réparation, ce n'est point les locataires qui sont appelés à décider, mais les propriétaires.

Le choix de la presse alors, et de la France, ne sera pas douteux! Il est déjà fait. (Voyez sur cette question, les *Débats*, le *Temps*, et tous les journaux, même les journaux républicains, qui, lorsque le moment décisif sera venu, et lorsqu'ils auront formulé un nouveau *programme*, reculeront devant son exécution, et demanderont un autre 7 *août!* ce sera le 7 *août* national!)

CHAPITRE XIII.

Autre conclusion.

Nous épuisons en ce moment la fin de cette situation dépeinte par deux mots, qui sont devenus de l'histoire : le *quel gâchis!* du général Lobau, et la *halte dans la boue*, du général Lamarque.

Quel est le Français qui consentît à penser que la France veut rester toujours dans la *boue* et le *gâchis!* En d'autres termes : à force de boire le calice jusqu'à la lie, il doit finir par ne plus en rester!

CHAPITRE XIV.

Résumé définitif.

On lit dans la *Tribune* du 10 septembre, ce qui suit :

« Le juste-milieu se croira fort... et les dupes qu'il « laissera après lui le croiront aussi.

« Quant aux traîtres, c'est différent, ils savent bien

« que par cette torpeur générale dans laquelle ils
« plongent l'esprit public, ils sèment l'indifférence
« pour tous les grands intérêts qui réclament le dé-
« vouement de tous les patriotes. En substituant au
« culte des sentimens nobles et à l'amour du pays,
« cet égoïsme desséchant qui s'attache exclusivement
« aux intérêts matériels, ils savent bien qu'ils détour-
« nent les citoyens de sacrifices auxquels doivent être
« préparés tous les peuples qui veulent ou conquérir
« la liberté, ou la conserver quand ils l'ont con-
« quise.

« Et savez-vous ce qu'il y a au bout de tout ce sys-
« tème? la *restauration* par l'invasion ou sans elle.

« Qui profite en effet de tous les actes de ce pou-
« voir, actes de démence, s'il était franchement atta-
« ché à la révolution? ce sont les légitimistes! »

Mais les légitimistes veulent avant tout *l'émancipation des communes et le suffrage universel des
contribuables.* Donc les légitimistes sont des républi-
co-monarchistes.

Messieurs les soi-disant républicains purs nous
parlent beaucoup des *pavés* de juillet; mais très-peu
ou point du tout des institutions républicaines, telles
*que le suffrage universel et l'émancipation des com-
munes.*

Mais comme ce sont plutôt les institutions que les
pavés qui font les républiques, on pourrait et on
devrait conclure que les légitimistes sont bien plus
républicains que les patriotes de juillet!

Voilà justement pourquoi la France est républi-
caine à la manière des légitimistes, et ne l'est pas à
la manière des républicains patriotes!

Car la France ne vit pas seulement de *pavés...!* mais
de pain et de liberté.

———